THIS BOOK BELONGS TO

Morse Code Alphabet

A · —	B — · · ·	C — · — ·	D — · ·	E ·
F · · — ·	G — — ·	H · · · ·	I · ·	J · — — —
K — · —	L · — · ·	M — —	N — ·	O — — —
P · — — ·	Q — — · —	R · — ·	S · · ·	T —
U · · —	V · · · —	W · — —		
	X — · · —	Y — · — —		
		Z — — · ·		

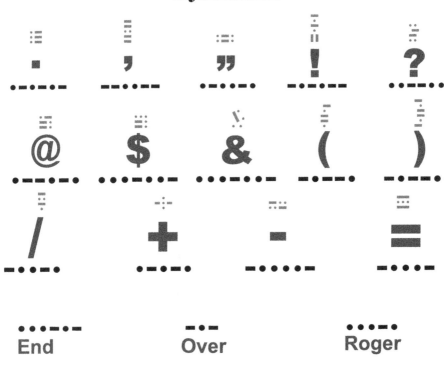

A •— B —••• C —•—• D —•• E • F ••—• G ——• H •••• I •• J •——— K —•— L •—•• M —— N —• O ——— P •——• Q ——•— R •—• S ••• T — U ••— V •••— W •—— X —••— Y —•—— Z ——••
1 •———— 2 ••——— 3 •••—— 4 ••••— 5 ••••• 6 —•••• 7 ——••• 8 ———•• 9 ————• 0 —————

A .- B -... C -.-. D -.. E . F ..-. G --. H .... I .. J .--- K -.- L .-.. M -- N -. O --- P .--. Q --.- R .-. S ... T - U ..- V ...- W .-- X -..- Y -.-- Z --..
1 .---- 2 ..--- 3 ...-- 4 ....- 5 ..... 6 -.... 7 --... 8 ---.. 9 ----. 0 -----

A •— B —••• C —•—• D —•• E • F ••—• G ——• H •••• I •• J •——— K —•— L •—•• M —— N —• O ——— P •——• Q ——•— R •—• S ••• T — U ••— V •••— W •—— X —••— Y —•—— Z ——••
1 •———— 2 ••——— 3 •••—— 4 ••••— 5 ••••• 6 —•••• 7 ——••• 8 ———•• 9 ————• 0 —————

A ·— B —··· C —·—· D —·· E · F ··—· G ——· H ···· I ·· J ·——— K —·— L ·—·· M —— N —· O ——— P ·——· Q ——·— R ·—· S ··· T — U ··— V ···— W ·—— X —··— Y —·—— Z ——··
1 ·———— 2 ··——— 3 ···—— 4 ····— 5 ····· 6 —···· 7 ——··· 8 ———·· 9 ————· 0 —————

| A ·— | B —··· | C —·—· | D —·· | E · | F ··—· | G ——· | H ···· | I ·· | J ·——— | K —·— | L ·—·· | M —— | N —· | O ——— | P ·——· | Q ——·— | R ·—· | S ··· | T — | U ··— | V ···— | W ·—— | X —··— | Y —·—— | Z ——·· |

| 1 ·———— | 2 ··——— | 3 ···—— | 4 ····— | 5 ····· | 6 —···· | 7 ——··· | 8 ———·· | 9 ————· | 0 ————— |

A •— B —••• C —•—• D —•• E • F ••—• G ——• H •••• I •• J •——— K —•— L •—•• M —— N —• O ——— P •——• Q ——•— R •—• S ••• T — U ••— V •••— W •—— X —••— Y —•—— Z ——••

1 •———— 2 ••——— 3 •••—— 4 ••••— 5 ••••• 6 —•••• 7 ——••• 8 ———•• 9 ————• 0 —————

A ·− B −··· C −·−· D −·· E · F ··−· G −−· H ···· I ·· J ·−−− K −·− L ·−·· M −− N −· O −−− P ·−−· Q −−·− R ·−· S ··· T − U ··− V ···− W ·−− X −··− Y −·−− Z −−··

1 ·−−−− 2 ··−−− 3 ···−− 4 ····− 5 ····· 6 −···· 7 −−··· 8 −−−·· 9 −−−−· 0 −−−−−

A	B	C	D	E	F	G	H	I	J	K	L	M	N	O	P	Q	R	S	T	U	V	W	X	Y	Z
·−	−···	−·−·	−··	·	··−·	−−·	····	··	·−−−	−·−	·−··	−−	−·	−−−	·−−·	−−·−	·−·	···	−	··−	···−	·−−	−··−	−·−−	−−··

1	2	3	4	5	6	7	8	9	0
·−−−−	··−−−	···−−	····−	·····	−····	−−···	−−−··	−−−−·	−−−−−

A	B	C	D	E	F	G	H	I	J	K	L	M	N	O	P	Q	R	S	T	U	V	W	X	Y	Z
·−	−···	−·−·	−··	·	··−·	−−·	····	··	·−−−	−·−	·−··	−−	−·	−−−	·−−·	−−·−	·−·	···	−	··−	···−	·−−	−··−	−·−−	−−··

1	2	3	4	5	6	7	8	9	0
·−−−−	··−−−	···−−	····−	·····	−····	−−···	−−−··	−−−−·	−−−−−

| A ·— | B —··· | C —·—· | D —·· | E · | F ··—· | G ——· | H ···· | I ·· | J ·——— | K —·— | L ·—·· | M —— | N —· | O ——— | P ·——· | Q ——·— | R ·—· | S ··· | T — | U ··— | V ···— | W ·—— | X —··— | Y —·—— | Z ——·· |
| 1 ·———— | 2 ··——— | 3 ···—— | 4 ····— | 5 ····· | 6 —···· | 7 ——··· | 8 ———·· | 9 ————· | 0 ————— |

A	B	C	D	E	F	G	H	I	J	K	L	M	N	O	P	Q	R	S	T	U	V	W	X	Y	Z
•—	—•••	—•—•	—••	•	••—•	——•	••••	••	•———	—•—	•—••	——	—•	———	•——•	——•—	•—•	•••	—	••—	•••—	•——	—••—	—•——	——••

1	2	3	4	5	6	7	8	9	0
•————	••———	•••——	••••—	•••••	—••••	——•••	———••	————•	—————

```
A    B    C    D   E  F    G    H    I   J    K    L    M   N   O    P    Q    R   S   T  U    V    W    X    Y    Z
·-  -···  -·-·  -·· ·  ··-· --·  ····  ·· ·--- -·-  ·-·· --  -·  --- ·--· --·- ·-· ··· -  ··-  ···- ·--  -··- -·-- --··
  1      2     3    4    5    6    7    8    9    0
·---- ··--- ···-- ····- ····· -···· --··· ---·· ----· -----
```

| A ·— | B —··· | C —·—· | D —·· | E · | F ··—· | G ——· | H ···· | I ·· | J ·——— | K —·— | L ·—·· | M —— | N —· | O ——— | P ·——· | Q ——·— | R ·—· | S ··· | T — | U ··— | V ···— | W ·—— | X —··— | Y —·—— | Z ——·· |

| 1 ·———— | 2 ··——— | 3 ···—— | 4 ····— | 5 ····· | 6 —···· | 7 ——··· | 8 ———·· | 9 ————· | 0 ————— |

| A ·— | B —··· | C —·—· | D —·· | E · | F ··—· | G ——· | H ···· | I ·· | J ·——— | K —·— | L ·—·· | M —— | N —· | O ——— | P ·——· | Q ——·— | R ·—· | S ··· | T — | U ··— | V ···— | W ·—— | X —··— | Y —·—— | Z ——·· |

| 1 ·———— | 2 ··——— | 3 ···—— | 4 ····— | 5 ····· | 6 —···· | 7 ——··· | 8 ———·· | 9 ————· | 0 ————— |

| A ·− | B −··· | C −·−· | D −·· | E · | F ··−· | G −−· | H ···· | I ·· | J ·−−− | K −·− | L ·−·· | M −− | N −· | O −−− | P ·−−· | Q −−·− | R ·−· | S ··· | T − | U ··− | V ···− | W ·−− | X −··− | Y −·−− | Z −−·· |

| 1 ·−−−− | 2 ··−−− | 3 ···−− | 4 ····− | 5 ····· | 6 −···· | 7 −−··· | 8 −−−·· | 9 −−−−· | 0 −−−−− |

A •━ B ━••• C ━•━• D ━•• E • F ••━• G ━━• H •••• I •• J •━━━ K ━•━ L •━•• M ━━ N ━• O ━━━ P •━━• Q ━━•━ R •━• S ••• T ━ U ••━ V •••━ W •━━ X ━••━ Y ━•━━ Z ━━••

1 •━━━━ 2 ••━━━ 3 •••━━ 4 ••••━ 5 ••••• 6 ━•••• 7 ━━••• 8 ━━━•• 9 ━━━━• 0 ━━━━━

A	B	C	D	E	F	G	H	I	J	K	L	M	N	O	P	Q	R	S	T	U	V	W	X	Y	Z
·—	—···	—·—·	—··	·	··—·	——·	····	··	·———	—·—	·—··	——	—·	———	·——·	——·—	·—·	···	—	··—	···—	·——	—··—	—·——	——··

1	2	3	4	5	6	7	8	9	0
·————	··———	···——	····—	·····	—····	——···	———··	————·	—————

A	B	C	D	E	F	G	H	I	J	K	L	M	N	O	P	Q	R	S	T	U	V	W	X	Y	Z
·−	−···	−·−·	−··	·	··−·	−−·	····	··	·−−−	−·−	·−··	−−	−·	−−−	·−−·	−−·−	·−·	···	−	··−	···−	·−−	−··−	−·−−	−−··

1	2	3	4	5	6	7	8	9	0
·−−−−	··−−−	···−−	····−	·····	−····	−−···	−−−··	−−−−·	−−−−−

A	B	C	D	E	F	G	H	I	J	K	L	M	N	O	P	Q	R	S	T	U	V	W	X	Y	Z
·—	—···	—·—·	—··	·	··—·	——·	····	··	·———	—·—	·—··	——	—·	———	·——·	——·—	·—·	···	—	··—	···—	·——	—··—	—·——	——··

1	2	3	4	5	6	7	8	9	0
·————	··———	···——	····—	·····	—····	——···	———··	————·	—————

A .- B -... C -.-. D -.. E . F ..-. G --. H .... I .. J .--- K -.- L .-.. M -- N -. O --- P .--. Q --.- R .-. S ... T - U ..- V ...- W .-- X -..- Y -.-- Z --..
1 .---- 2 ..--- 3 ...-- 4 ....- 5 ..... 6 -.... 7 --... 8 ---.. 9 ----. 0 -----

A	B	C	D	E	F	G	H	I	J	K	L	M	N	O	P	Q	R	S	T	U	V	W	X	Y	Z
·—	—···	—·—·	—··	·	··—·	——·	····	··	·———	—·—	·—··	——	—·	———	·——·	——·—	·—·	···	—	··—	···—	·——	—··—	—·——	——··

1	2	3	4	5	6	7	8	9	0
·————	··———	···——	····—	·····	—····	——···	———··	————·	—————

```
A ·—   B —···   C —·—·   D —··   E ·   F ··—·   G ——·   H ····   I ··   J ·———   K —·—   L ·—··   M ——   N —·   O ———   P ·——·   Q ——·—   R ·—·   S ···   T —   U ··—   V ···—   W ·——   X —··—   Y —·——   Z ——··
1 ·————   2 ··———   3 ···——   4 ····—   5 ·····   6 —····   7 ——···   8 ———··   9 ————·   0 —————
```

A	B	C	D	E	F	G	H	I	J	K	L	M	N	O	P	Q	R	S	T	U	V	W	X	Y	Z
·—	—···	—·—·	—··	·	··—·	——·	····	··	·———	—·—	·—··	——	—·	———	·——·	——·—	·—·	···	—	··—	···—	·——	—··—	—·——	——··

1	2	3	4	5	6	7	8	9	0
·————	··———	···——	····—	·····	—····	——···	———··	————·	—————

A .- B -... C -.-. D -.. E . F ..-. G --. H .... I .. J .--- K -.- L .-.. M -- N -. O --- P .--. Q --.- R .-. S ... T - U ..- V ...- W .-- X -..- Y -.-- Z --..
1 .---- 2 ..--- 3 ...-- 4 ....- 5 ..... 6 -.... 7 --... 8 ---.. 9 ----. 0 -----

```
A    B    C    D   E  F    G   H    I  J    K   L    M  N  O    P    Q    R   S   T U   V    W   X    Y    Z
·—  —···  —·—·  —·· ·  ··—·  ——· ···· ·· ·——— —·— ·—·· —— —· ——— ·——·  ——·—  ·—· ··· — ··— ···— ·—— —··— —·—— ——··
 1      2      3      4     5      6     7      8      9      0
·————  ··———  ···——  ····—  ·····  —····  ——···  ———··  ————·  —————
```

A	B	C	D	E	F	G	H	I	J	K	L	M	N	O	P	Q	R	S	T	U	V	W	X	Y	Z
·—	—···	—·—·	—··	·	··—·	——·	····	··	·———	—·—	·—··	——	—·	———	·——·	——·—	·—·	···	—	··—	···—	·——	—··—	—·——	——··

1	2	3	4	5	6	7	8	9	0
·————	··———	···——	····—	·····	—····	——···	———··	————·	—————

| A ·— | B —··· | C —·—· | D —·· | E · | F ··—· | G ——· | H ···· | I ·· | J ·——— | K —·— | L ·—·· | M —— | N —· | O ——— | P ·——· | Q ——·— | R ·—· | S ··· | T — | U ··— | V ···— | W ·—— | X —··— | Y —·—— | Z ——·· |

| 1 ·———— | 2 ··——— | 3 ···—— | 4 ····— | 5 ····· | 6 —···· | 7 ——··· | 8 ———·· | 9 ————· | 0 ————— |

A	B	C	D	E	F	G	H	I	J	K	L	M	N	O	P	Q	R	S	T	U	V	W	X	Y	Z
•−	−•••	−•−•	−••	•	••−•	−−•	••••	••	•−−−	−•−	•−••	−−	−•	−−−	•−−•	−−•−	•−•	•••	−	••−	•••−	•−−	−••−	−•−−	−−••

1	2	3	4	5	6	7	8	9	0
•−−−−	••−−−	•••−−	••••−	•••••	−••••	−−•••	−−−••	−−−−•	−−−−−

A •— B —••• C —•—• D —•• E • F ••—• G ——• H •••• I •• J •——— K —•— L •—•• M —— N —• O ——— P •——• Q ——•— R •—• S ••• T — U ••— V •••— W •—— X —••— Y —•—— Z ——••
1 •———— 2 ••——— 3 •••—— 4 ••••— 5 ••••• 6 —•••• 7 ——••• 8 ———•• 9 ————• 0 —————

| A ·— | B —··· | C —·—· | D —·· | E · | F ··—· | G ——· | H ···· | I ·· | J ·——— | K —·— | L ·—·· | M —— | N —· | O ——— | P ·——· | Q ——·— | R ·—· | S ··· | T — | U ··— | V ···— | W ·—— | X —··— | Y —·—— | Z ——·· |

| 1 ·———— | 2 ··——— | 3 ···—— | 4 ····— | 5 ····· | 6 —···· | 7 ——··· | 8 ———·· | 9 ————· | 0 ————— |

A	B	C	D	E	F	G	H	I	J	K	L	M	N	O	P	Q	R	S	T	U	V	W	X	Y	Z
·—	—···	—·—·	—··	·	··—·	——·	····	··	·———	—·—	·—··	——	—·	———	·——·	——·—	·—·	···	—	··—	···—	·——	—··—	—·——	——··

1	2	3	4	5	6	7	8	9	0
·————	··———	···——	····—	·····	—····	——···	———··	————·	—————

A •— B —••• C —•—• D —•• E • F ••—• G ——• H •••• I •• J •——— K —•— L •—•• M —— N —• O ——— P •——• Q ——•— R •—• S ••• T — U ••— V •••— W •—— X —••— Y —•—— Z ——••
1 •———— 2 ••——— 3 •••—— 4 ••••— 5 ••••• 6 —•••• 7 ——••• 8 ———•• 9 ————• 0 —————

A	B	C	D	E	F	G	H	I	J	K	L	M	N	O	P	Q	R	S	T	U	V	W	X	Y	Z
·−	−···	−·−·	−··	·	··−·	−−·	····	··	·−−−	−·−	·−··	−−	−·	−−−	·−−·	−−·−	·−·	···	−	··−	···−	·−−	−··−	−·−−	−−··

1	2	3	4	5	6	7	8	9	0
·−−−−	··−−−	···−−	····−	·····	−····	−−···	−−−··	−−−−·	−−−−−

A .- B -... C -.-. D -.. E . F ..-. G --. H .... I .. J .--- K -.- L .-.. M -- N -. O --- P .--. Q --.- R .-. S ... T - U ..- V ...- W .-- X -..- Y -.-- Z --..
1 .---- 2 ..--- 3 ...-- 4 ....- 5 ..... 6 -.... 7 --... 8 ---.. 9 ----. 0 -----

A	B	C	D	E	F	G	H	I	J	K	L	M	N	O	P	Q	R	S	T	U	V	W	X	Y	Z
·—	—···	—·—·	—··	·	··—·	——·	····	··	·———	—·—	·—··	——	—·	———	·——·	——·—	·—·	···	—	··—	···—	·——	—··—	—·——	——··

1	2	3	4	5	6	7	8	9	0
·————	··———	···——	····—	·····	—····	——···	———··	————·	—————

A	B	C	D	E	F	G	H	I	J	K	L	M	N	O	P	Q	R	S	T	U	V	W	X	Y	Z
·—	—···	—·—·	—··	·	··—·	——·	····	··	·———	—·—	·—··	——	—·	———	·——·	——·—	·—·	···	—	··—	···—	·——	—··—	—·——	——··

1	2	3	4	5	6	7	8	9	0
·————	··———	···——	····—	·····	—····	——···	———··	————·	—————

```
A    B    C    D   E  F    G   H    I  J    K   L    M  N   O    P    Q    R   S   T U    V    W   X    Y    Z
•-  -•••  -•-• -•• • ••-•  --• •••• ••  •--- -•- •-•• --  -• --- •--• --•- •-• ••• - ••-  •••- •-- -••- -•-- --••
 1     2     3     4     5    6     7     8     9     0
•----  ••---  •••--  ••••- ••••• -•••• --••• ---•• ----• -----
```

| A ·— | B —··· | C —·—· | D —·· | E · | F ··—· | G ——· | H ···· | I ·· | J ·——— | K —·— | L ·—·· | M —— | N —· | O ——— | P ·——· | Q ——·— | R ·—· | S ··· | T — | U ··— | V ···— | W ·—— | X —··— | Y —·—— | Z ——·· |

| 1 ·———— | 2 ··——— | 3 ···—— | 4 ····— | 5 ····· | 6 —···· | 7 ——··· | 8 ———·· | 9 ————· | 0 ————— |

A .- B -... C -.-. D -.. E . F ..-. G --. H .... I .. J .--- K -.- L .-.. M -- N -. O --- P .--. Q --.- R .-. S ... T - U ..- V ...- W .-- X -..- Y -.-- Z --..
1 .---- 2 ..--- 3 ...-- 4 ....- 5 ..... 6 -.... 7 --... 8 ---.. 9 ----. 0 -----

A	B	C	D	E	F	G	H	I	J	K	L	M	N	O	P	Q	R	S	T	U	V	W	X	Y	Z
·—	—···	—·—·	—··	·	··—·	——·	····	··	·———	—·—	·—··	——	—·	———	·——·	——·—	·—·	···	—	··—	···—	·——	—··—	—·——	——··

1	2	3	4	5	6	7	8	9	0
·————	··———	···——	····—	·····	—····	——···	———··	————·	—————

A	B	C	D	E	F	G	H	I	J	K	L	M	N	O	P	Q	R	S	T	U	V	W	X	Y	Z
·—	—···	—·—·	—··	·	··—·	——·	····	··	·———	—·—	·—··	——	—·	———	·——·	——·—	·—·	···	—	··—	···—	·——	—··—	—·——	——··

1	2	3	4	5	6	7	8	9	0
·————	··———	···——	····—	·····	—····	——···	———··	————·	—————

A ·─ B ─··· C ─·─· D ─·· E · F ··─· G ─ ─· H ···· I ·· J ·─ ─ ─ K ─·─ L ·─·· M ─ ─ N ─· O ─ ─ ─ P ·─ ─· Q ─ ─·─ R ·─· S ··· T ─ U ··─ V ···─ W ·─ ─ X ─··─ Y ─·─ ─ Z ─ ─··
1 ·─ ─ ─ ─ 2 ··─ ─ ─ 3 ···─ ─ 4 ····─ 5 ····· 6 ─···· 7 ─ ─··· 8 ─ ─ ─·· 9 ─ ─ ─ ─· 0 ─ ─ ─ ─ ─

A	B	C	D	E	F	G	H	I	J	K	L	M	N	O	P	Q	R	S	T	U	V	W	X	Y	Z
·—	—···	—·—·	—··	·	··—·	——·	····	··	·———	—·—	·—··	——	—·	———	·——·	——·—	·—·	···	—	··—	···—	·——	—··—	—·——	——··

1	2	3	4	5	6	7	8	9	0
·————	··———	···——	····—	·····	—····	——···	———··	————·	—————

| A ·— | B —··· | C —·—· | D —·· | E · | F ··—· | G ——· | H ···· | I ·· | J ·——— | K —·— | L ·—·· | M —— | N —· | O ——— | P ·——· | Q ——·— | R ·—· | S ··· | T — | U ··— | V ···— | W ·—— | X —··— | Y —·—— | Z ——·· |

| 1 ·———— | 2 ··——— | 3 ···—— | 4 ····— | 5 ····· | 6 —···· | 7 ——··· | 8 ———·· | 9 ————· | 0 ————— |

Letter	Morse	Letter	Morse	Letter	Morse	Letter	Morse
A	.−	H	....	O	−−−	V	...−
B	−...	I	..	P	.−−.	W	.−−
C	−.−.	J	.−−−	Q	−−.−	X	−..−
D	−..	K	−.−	R	.−.	Y	−.−−
E	.	L	.−..	S	...	Z	−−..
F	..−.	M	−−	T	−		
G	−−.	N	−.	U	..−		

Number	Morse
1	.−−−−
2	..−−−
3	...−−
4	....−
5	.....
6	−....
7	−−...
8	−−−..
9	−−−−.
0	−−−−−

A .- B -... C -.-. D -.. E . F ..-. G --. H .... I .. J .--- K -.- L .-.. M -- N -. O --- P .--. Q --.- R .-. S ... T - U ..- V ...- W .-- X -..- Y -.-- Z --..
1 .---- 2 ..--- 3 ...-- 4 ....- 5 ..... 6 -.... 7 --... 8 ---.. 9 ----. 0 -----

A •— B —••• C —•—• D —•• E • F ••—• G ——• H •••• I •• J •——— K —•— L •—•• M —— N —• O ——— P •——• Q ——•— R •—• S ••• T — U ••— V •••— W •—— X —••— Y —•—— Z ——••
1 •———— 2 ••——— 3 •••—— 4 ••••— 5 ••••• 6 —•••• 7 ——••• 8 ———•• 9 ————• 0 —————

A	B	C	D	E	F	G	H	I	J	K	L	M	N	O	P	Q	R	S	T	U	V	W	X	Y	Z
·−	−···	−·−·	−··	·	··−·	−−·	····	··	·−−−	−·−	·−··	−−	−·	−−−	·−−·	−−·−	·−·	···	−	··−	···−	·−−	−··−	−·−−	−−··

1	2	3	4	5	6	7	8	9	0
·−−−−	··−−−	···−−	····−	·····	−····	−−···	−−−··	−−−−·	−−−−−

A ·— B —··· C —·—· D —·· E · F ··—· G ——· H ···· I ·· J ·——— K —·— L ·—·· M —— N —· O ——— P ·——· Q ——·— R ·—· S ··· T — U ··— V ···— W ·—— X —··— Y —·—— Z ——··
1 ·———— 2 ··——— 3 ···—— 4 ····— 5 ····· 6 —···· 7 ——··· 8 ———·· 9 ————· 0 —————

A	B	C	D	E	F	G	H	I	J	K	L	M	N	O	P	Q	R	S	T	U	V	W	X	Y	Z
·—	—···	—·—·	—··	·	··—·	——·	····	··	·———	—·—	·—··	——	—·	———	·——·	——·—	·—·	···	—	··—	···—	·——	—··—	—·——	——··

1	2	3	4	5	6	7	8	9	0
·————	··———	···——	····—	·····	—····	——···	———··	————·	—————

Letter	Morse	Letter	Morse	Letter	Morse	Letter	Morse
A	.-	H	....	O	---	V	...-
B	-...	I	..	P	.--.	W	.--
C	-.-.	J	.---	Q	--.-	X	-..-
D	-..	K	-.-	R	.-.	Y	-.--
E	.	L	.-..	S	...	Z	--..
F	..-.	M	--	T	-		
G	--.	N	-.	U	..-		

Number	Morse
1	.----
2	..---
3	...--
4	....-
5	.....
6	-....
7	--...
8	---..
9	----.
0	-----

A	B	C	D	E	F	G	H	I	J	K	L	M	N	O	P	Q	R	S	T	U	V	W	X	Y	Z
·—	—···	—·—·	—··	·	··—·	——·	····	··	·———	—·—	·—··	——	—·	———	·——·	——·—	·—·	···	—	··—	···—	·——	—··—	—·——	——··

1	2	3	4	5	6	7	8	9	0
·————	··———	···——	····—	·····	—····	——···	———··	————·	—————

A	B	C	D	E	F	G	H	I	J	K	L	M	N	O	P	Q	R	S	T	U	V	W	X	Y	Z
·−	−···	−·−·	−··	·	··−·	−−·	····	··	·−−−	−·−	·−··	−−	−·	−−−	·−−·	−−·−	·−·	···	−	··−	···−	·−−	−··−	−·−−	−−··

1	2	3	4	5	6	7	8	9	0
·−−−−	··−−−	···−−	····−	·····	−····	−−···	−−−··	−−−−·	−−−−−

A	B	C	D	E	F	G	H	I	J	K	L	M	N	O	P	Q	R	S	T	U	V	W	X	Y	Z
•▬	▬•••	▬•▬•	▬••	•	••▬•	▬▬•	••••	••	•▬▬▬	▬•▬	•▬••	▬▬	▬•	▬▬▬	•▬▬•	▬▬•▬	•▬•	•••	▬	••▬	•••▬	•▬▬	▬••▬	▬•▬▬	▬▬••

1	2	3	4	5	6	7	8	9	0
•▬▬▬▬	••▬▬▬	•••▬▬	••••▬	•••••	▬••••	▬▬•••	▬▬▬••	▬▬▬▬•	▬▬▬▬▬

| A ·— | B —··· | C —·—· | D —·· | E · | F ··—· | G ——· | H ···· | I ·· | J ·——— | K —·— | L ·—·· | M —— | N —· | O ——— | P ·——· | Q ——·— | R ·—· | S ··· | T — | U ··— | V ···— | W ·—— | X —··— | Y —·—— | Z ——·· |

| 1 ·———— | 2 ··——— | 3 ···—— | 4 ····— | 5 ····· | 6 —···· | 7 ——··· | 8 ———·· | 9 ————· | 0 ————— |

A .- B -... C -.-. D -.. E . F ..-. G --. H .... I .. J .--- K -.- L .-.. M -- N -. O --- P .--. Q --.- R .-. S ... T - U ..- V ...- W .-- X -..- Y -.-- Z --..
1 .---- 2 ..--- 3 ...-- 4 ....- 5 ..... 6 -.... 7 --... 8 ---.. 9 ----. 0 -----

A ·− B −··· C −·−· D −·· E · F ··−· G −−· H ···· I ·· J ·−−− K −·− L ·−·· M −− N −· O −−− P ·−−· Q −−·− R ·−· S ··· T − U ··− V ···− W ·−− X −··− Y −·−− Z −−··
1 ·−−−− 2 ··−−− 3 ···−− 4 ····− 5 ····· 6 −···· 7 −−··· 8 −−−·· 9 −−−−· 0 −−−−−

Letter	Morse	Letter	Morse	Letter	Morse	Letter	Morse
A	·—	H	····	O	———	V	···—
B	—···	I	··	P	·——·	W	·——
C	—·—·	J	·———	Q	——·—	X	—··—
D	—··	K	—·—	R	·—·	Y	—·——
E	·	L	·—··	S	···	Z	——··
F	··—·	M	——	T	—		
G	——·	N	—·	U	··—		

Number	Morse
1	·————
2	··———
3	···——
4	····—
5	·····
6	—····
7	——···
8	———··
9	————·
0	—————

```
A ·-   B -···   C -·-·   D -··   E ·   F ··-·   G --·   H ····   I ··   J ·---   K -·-   L ·-··   M --   N -·   O ---   P ·--·   Q --·-   R ·-·   S ···   T -   U ··-   V ···-   W ·--   X -··-   Y -·--   Z --··
1 ·----   2 ··---   3 ···--   4 ····-   5 ·····   6 -····   7 --···   8 ---··   9 ----·   0 -----
```

| A ·— | B —··· | C —·—· | D —·· | E · | F ··—· | G ——· | H ···· | I ·· | J ·——— | K —·— | L ·—·· | M —— | N —· | O ——— | P ·——· | Q ——·— | R ·—· | S ··· | T — | U ··— | V ···— | W ·—— | X —··— | Y —·—— | Z ——·· |

| 1 ·———— | 2 ··——— | 3 ···—— | 4 ····— | 5 ····· | 6 —···· | 7 ——··· | 8 ———·· | 9 ————· | 0 ————— |

Letter	Morse	Letter	Morse	Letter	Morse	Letter	Morse
A	·—	H	····	O	———	V	···—
B	—···	I	··	P	·——·	W	·——
C	—·—·	J	·———	Q	——·—	X	—··—
D	—··	K	—·—	R	·—·	Y	—·——
E	·	L	·—··	S	···	Z	——··
F	··—·	M	——	T	—		
G	——·	N	—·	U	··—		

Number	Morse
1	·————
2	··———
3	···——
4	····—
5	·····
6	—····
7	——···
8	———··
9	————·
0	—————

A	B	C	D	E	F	G	H	I	J	K	L	M	N	O	P	Q	R	S	T	U	V	W	X	Y	Z
·−	−···	−·−·	−··	·	··−·	−−·	····	··	·−−−	−·−	·−··	−−	−·	−−−	·−−·	−−·−	·−·	···	−	··−	···−	·−−	−··−	−·−−	−−··

1	2	3	4	5	6	7	8	9	0
·−−−−	··−−−	···−−	····−	·····	−····	−−···	−−−··	−−−−·	−−−−−

A	B	C	D	E	F	G	H	I	J	K	L	M	N	O	P	Q	R	S	T	U	V	W	X	Y	Z
·−	−···	−·−·	−··	·	··−·	−−·	····	··	·−−−	−·−	·−··	−−	−·	−−−	·−−·	−−·−	·−·	···	−	··−	···−	·−−	−··−	−·−−	−−··

1	2	3	4	5	6	7	8	9	0
·−−−−	··−−−	···−−	····−	·····	−····	−−···	−−−··	−−−−·	−−−−−

```
A    B    C    D    E   F    G   H   I   J    K    L    M   N   O    P    Q    R   S   T   U    V    W    X    Y    Z
·—   —··· —·—· —··  ·   ··—· ——· ···· ·· ·——— —·—  ·—·· ——  —·  ——— ·——· ——·— ·—· ··· —   ··—  ···— ·——  —··— —·—— ——··

1     2    3    4    5    6    7    8    9    0
·———— ··——— ···—— ····— ····· —···· ——··· ———·· ————· —————
```

A	B	C	D	E	F	G	H	I	J	K	L	M	N	O	P	Q	R	S	T	U	V	W	X	Y	Z
·—	—···	—·—·	—··	·	··—·	——·	····	··	·———	—·—	·—··	——	—·	———	·——·	——·—	·—·	···	—	··—	···—	·——	—··—	—·——	——··

1	2	3	4	5	6	7	8	9	0
·————	··———	···——	····—	·····	—····	——···	———··	————·	—————

A ·— B —··· C —·—· D —·· E · F ··—· G ——· H ···· I ·· J ·——— K —·— L ·—·· M —— N —· O ——— P ·——· Q ——·— R ·—· S ··· T — U ··— V ···— W ·—— X —··— Y —·—— Z ——··
1 ·———— 2 ··——— 3 ···—— 4 ····— 5 ····· 6 —···· 7 ——··· 8 ———·· 9 ————· 0 —————

A ·— B —··· C —·—· D —·· E · F ··—· G ——· H ···· I ·· J ·——— K —·— L ·—·· M —— N —· O ——— P ·——· Q ——·— R ·—· S ··· T — U ··— V ···— W ·—— X —··— Y —·—— Z ——··
1 ·———— 2 ··——— 3 ···—— 4 ····— 5 ····· 6 —···· 7 ——··· 8 ———·· 9 ————· 0 —————

Letter	Morse
A	.-
B	-...
C	-.-.
D	-..
E	.
F	..-.
G	--.
H	....
I	..
J	.---
K	-.-
L	.-..
M	--
N	-.
O	---
P	.--.
Q	--.-
R	.-.
S	...
T	-
U	..-
V	...-
W	.--
X	-..-
Y	-.--
Z	--..
1	.----
2	..---
3	...--
4	....-
5	.....
6	-....
7	--...
8	---..
9	----.
0	-----

A •− B −••• C −•−• D −•• E • F ••−• G −−• H •••• I •• J •−−− K −•− L •−•• M −− N −• O −−− P •−−• Q −−•− R •−• S ••• T − U ••− V •••− W •−− X −••− Y −•−− Z −−••
1 •−−−− 2 ••−−− 3 •••−− 4 ••••− 5 ••••• 6 −•••• 7 −−••• 8 −−−•• 9 −−−−• 0 −−−−−

A	B	C	D	E	F	G	H	I	J	K	L	M	N	O	P	Q	R	S	T	U	V	W	X	Y	Z
·—	—···	—·—·	—··	·	··—·	——·	····	··	·———	—·—	·—··	——	—·	———	·——·	——·—	·—·	···	—	··—	···—	·——	—··—	—·——	——··

1	2	3	4	5	6	7	8	9	0
·————	··———	···——	····—	·····	—····	——···	———··	————·	—————

| A ·— | B —··· | C —·—· | D —·· | E · | F ··—· | G ——· | H ···· | I ·· | J ·——— | K —·— | L ·—·· | M —— | N —· | O ——— | P ·——· | Q ——·— | R ·—· | S ··· | T — | U ··— | V ···— | W ·—— | X —··— | Y —·—— | Z ——·· |

| 1 ·———— | 2 ··——— | 3 ···—— | 4 ····— | 5 ····· | 6 —···· | 7 ——··· | 8 ———·· | 9 ————· | 0 ————— |

| A ·— | B —··· | C —·—· | D —·· | E · | F ··—· | G ——· | H ···· | I ·· | J ·——— | K —·— | L ·—·· | M —— | N —· | O ——— | P ·——· | Q ——·— | R ·—· | S ··· | T — | U ··— | V ···— | W ·—— | X —··— | Y —·—— | Z ——·· |

| 1 ·———— | 2 ··——— | 3 ···—— | 4 ····— | 5 ····· | 6 —···· | 7 ——··· | 8 ———·· | 9 ————· | 0 ————— |

A ·− B −··· C −·−· D −·· E · F ··−· G −−· H ···· I ·· J ·−−− K −·− L ·−·· M −− N −· O −−− P ·−−· Q −−·− R ·−· S ··· T − U ··− V ···− W ·−− X −··− Y −·−− Z −−··
1 ·−−−− 2 ··−−− 3 ···−− 4 ····− 5 ····· 6 −···· 7 −−··· 8 −−−·· 9 −−−−· 0 −−−−−

```
A •-   B -•••   C -•-•   D -••   E •   F ••-•   G --•   H ••••   I ••   J •---   K -•-   L •-••   M --   N -•   O ---   P •--•   Q --•-   R •-•   S •••   T -   U ••-   V •••-   W •--   X -••-   Y -•--   Z --••
1 •----   2 ••---   3 •••--   4 ••••-   5 •••••   6 -••••   7 --•••   8 ---••   9 ----•   0 -----
```

A	B	C	D	E	F	G	H	I	J	K	L	M	N	O	P	Q	R	S	T	U	V	W	X	Y	Z
·−	−···	−·−·	−··	·	··−·	−−·	····	··	·−−−	−·−	·−··	−−	−·	−−−	·−−·	−−·−	·−·	···	−	··−	···−	·−−	−··−	−·−−	−−··

1	2	3	4	5	6	7	8	9	0
·−−−−	··−−−	···−−	····−	·····	−····	−−···	−−−··	−−−−·	−−−−−

A .- B -... C -.-. D -.. E . F ..-. G --. H .... I .. J .--- K -.- L .-.. M -- N -. O --- P .--. Q --.- R .-. S ... T - U ..- V ...- W .-- X -..- Y -.-- Z --..
1 .---- 2 ..--- 3 ...-- 4 ....- 5 ..... 6 -.... 7 --... 8 ---.. 9 ----. 0 -----

A	B	C	D	E	F	G	H	I	J	K	L	M	N	O	P	Q	R	S	T	U	V	W	X	Y	Z
·−	−···	−·−·	−··	·	··−·	−−·	····	··	·−−−	−·−	·−··	−−	−·	−−−	·−−·	−−·−	·−·	···	−	··−	···−	·−−	−··−	−·−−	−−··

1	2	3	4	5	6	7	8	9	0
·−−−−	··−−−	···−−	····−	·····	−····	−−···	−−−··	−−−−·	−−−−−

Made in the USA
Las Vegas, NV
26 September 2021